अर्थमंत्र

छात्रों के लिए समझदारी भरी पर्सनल फाइनेंस गाइड

प्रीतेश कुमार

Made with ♥ on the Notion Press Platform
www.notionpress.com

"भारत के समस्त बच्चों को समर्पित."

क्रम-सूची

अस्वीकरण

इस पुस्तक को मैंने अपनी पूरी कोशिश और समझ के अनुसार लिखा है। यदि इसमें कहीं कोई गलती या कमी रह गई हो तो उसके लिए मैं क्षमा चाहता हूँ। पाठकों से निवेदन है कि इसे उदारता से स्वीकार करें और सुधार के लिए अपने सुझाव दें।

भूमिका

भूमिका और आभार

यह किताब "अर्थमंत्र: छात्रों के लिए समझदारी भरी पर्सनल फाइनेंस गाइड" मेरे मन की उस इच्छा से बनी है, जिसमें मैं भारत के युवाओं, खासकर मध्यम और निम्न-आय वर्ग के छात्रों, को ऐसी व्यावहारिक जानकारी देना चाहता हूँ, जिससे वे आर्थिक रूप से मजबूत और उद्देश्यपूर्ण जीवन जी सकें।

एक बैंक कर्मचारी होने के नाते, मैंने अलग-अलग तरह के लोगों को बहुत करीब से समझा है। मुझे लगता है कि यदि कोई छात्र शुरुआत से ही पैसों को सही तरीके से समझ ले और साथ ही अपने व्यक्तित्व व सेहत पर ध्यान दे, तो जीवन में सफलता पाना थोड़ा आसान हो जाता है। मैंने कई ऐसे छात्रों को देखा है जिनके सपने बहुत बड़े होते हैं, लेकिन सही दिशा की कमी के कारण वे अपने व्यक्तिगत एवं प्रोफेशनल जीवन में असफल रहते है। कई कर्मचारी ऐसे भी मिले जो कहते हैं कि काश उन्हें ये सब बातें पहले पता होती।

- यह किताब उसी कमी को पूरा करने का एक छोटा सा प्रयास है।

मैं हर उस छात्र, सहकर्मी और दोस्त का आभारी हूँ जिन्होंने मुझे यह पुस्तक लिखने के लिए प्रेरित किया। खासकर मै धन्यवाद करता हूँ मेरी टीम, मेरे गुरुजनों और उन अनगिनत ग्राहकों को जिनकी कहानियों, संघर्ष और सफलता दोनों, ने इस पुस्तक के विचारों को आकार दिया।

मैं उन सभी संस्थाओं एवं प्रोफेशनल्स का भी धन्यवाद करता हूँ, जैसे भारतीय बैंक, SEBI, RBI और अन्य शिक्षकों का, जिन्होंने वित्तीय ज्ञान को आम लोगों तक पहुँचाने में बड़ी भूमिका निभाई है। और अंत

में, इंटरनेट पर उपलब्ध सामग्री एवं AI टूल्स को भी धन्यवाद, जिसने शोध, संरचना और सामग्री सुधार में मेरी भरपूर मदद की।

इस किताब को पढ़ रहे हर युवा के लिए एक संदेश है कि- यह आपकी यात्रा की शुरुआत है। इसे गंभीरता से पढ़ें, इसे जीवन में लागू करें और इसकी सीख दूसरों तक पहुँचाएँ।

आभार सहित,

– **प्रितेश कुमार**

परिचय (introduction)

आज की तेज़ी से बदलती दुनिया में सफलता सिर्फ अच्छे अंकों या एक स्थिर एवं अच्छी नौकरी से नहीं मापी जाती। एक मध्यम या निम्न-मध्यम वर्गीय भारतीय परिवार में पले-बढ़े छात्र के लिए जीवन में आगे बढ़ना सिर्फ अच्छे मार्क्स लाने एवं अच्छे जॉब लगने तक सीमित नहीं है, बल्कि पैसों को समझना, नई स्किल्स सीखना, स्वस्थ रहना और समझदारी से भविष्य की योजनाये बनाना भी उतना ही ज़रूरी है।

यह किताब **"अर्थमंत्र: छात्रों के लिए समझदारी भरी पर्सनल फाइनेंस गाइड"** मेरी अपनी ज़िंदगी के अनुभवों पर आधारित है - एक ऐसे छात्र के रूप में जो साधारण परिवार से आया, पढ़ाई में औसत रहा और अब भारत के सबसे बड़े बैंक में प्रबंधक के पद पर कार्यरत है, जिसने कई सफलता की कहानियाँ और गलतियों से भरे अनुभव पास से देखे हैं।

मेरा नाम प्रीतेश है, और मैं इस समय भारत के एक सरकारी बैंक में शाखा प्रबंधक के पद पर काम कर रहा हूँ। सामान्य परिवार से आने के कारण मुझे पैसे की असली कीमत, अनुशासन की ज़रूरत और छात्रों पर पढ़ाई, कमाई और परिवार की जिम्मेदारियों का दबाव आदि अच्छी तरह से समझ आता है।

छोटे शहरों और गांवों से आने वाले हजारों लोगों से मिलने पर मैंने यह महसूस किया कि अधिकतर लोग असफल इसलिए नहीं होते कि उनमें टैलेंट नहीं है, बल्कि इसलिए कि उन्हें सही दिशा, सही ज्ञान और संसाधनों जैसे पैसे आदि का सही उपयोग करना नहीं आता। ये लोग जीतोड़ मेहनत कर पैसे को कमाते तो है पर इसे सही से मैनेज नहीं कर पाते।

यह किताब उसी कमी को पूरा करने का प्रयास है।

यह किताब किन छात्रों के लिए है?

यह किताब उन छात्रों के लिए है-

जो जीवन में सिर्फ नौकरी नहीं, बल्कि एक संतुलित, खुशहाल, सुरक्षित एवं वित्तीय दबाव मुक्त (financially stress free) जीवन चाहते हैं।

जो पॉकेट मनी या पार्ट-टाइम काम से भी पैसे बचाना चाहते हैं।

जिन्हें फाइनेंस की कठिन शब्दावली समझ नहीं आती।

जो जीवन में आगे बढ़ना चाहते हैं, सेविंग करना चाहते हैं, लेकिन शुरुआत कैसे करें, यह नहीं जानते।

यह किताब क्या वादा नहीं करती?

यह किताब कोई शॉर्टकट या रातोंरात अमीर बनने का तरीका नहीं देती।

यह आपको एक व्यवहारिक और आसान रास्ता दिखाती है:

- जीवन में जल्द वित्तीय समझ विकसित करना।
- अपने लिए एक स्पष्ट लक्ष्य और विज़न बनाना।
- पैसे, बचत और निवेश की मूल बातें समझना।
- स्कूल में न सिखाई जाने वाली असली जीवन कौशल सीखना।
- साइड हसल और छोटे-छोटे बिजनेस की संभावनाएं समझना।
- स्वास्थ्य को सफलता की नींव बनाना।
- भविष्य को सुरक्षित और संतुलित बनाने की तैयारी करना।

किताब में मैं अपने जीवन की कई बातें और उन लोगों की कहानियाँ भी साझा करूँगा जिन्हें मैंने विद्‌यार्थी जीवन एवं बैंकिंग करियर में करीब से देखा है, युवा प्रोफेशनल, छोटे व्यापारी, निजी और सरकारी कर्मचारी जैसे लोग जो योजना की कमी के कारण असफल हुए। और ऐसे लोगों की कहानी भी साझा करूंगा जो अपने सही वित्तीय निर्णय के कारण एक स्ट्रेस फ्री और सक्सेसफुल लाइफ जी रहे है। ये कहानियाँ किसी बड़े सेलिब्रिटी की नहीं, बल्कि आम लोगों की हैं जिन्होंने असामान्य फैसले लेकर जिंदगी बदली।

भाषा क्यों आसान रखी गई है?

किताब सरल भाषा में लिखी गई है।
चाहे आप हिंदी में बहुत अच्छे न हों, फिर भी आप हर अध्याय को आसानी से समझ पाएंगे।
कुछ जगह मैंने समझाने के लिए आसान हिंदी एवं बोलचाल की भाषा में उपयोग ' इंग्लिश शब्दों ' को देवनागरी लिपि में या सीधे- सीधे रोमन में लिखा है ताकि आपको लिखे हुए तथ्य सीधे- सीधे समझ में आ सके।

यह किताब अभी क्यों ज़रूरी है?

भारत एक युवा देश है, 50% से ज्यादा जनसंख्या 25 साल से कम उम्र की है।
फिर भी बहुत से छात्र बेसिक फाइनेंशियल प्लानिंग नहीं जानते।
स्कूल आपको परीक्षा के लिए तैयार करता है परन्तु जीवन के लिए नहीं।
आज का समय ऐसा है जहाँ:

- व्यक्तिगत विकास
- नई स्किल्स
- और पैसों की समझ

अकादमिक डिग्रियों जितनी ही महत्वपूर्ण हो चुकी है।
Artificial Intelligence, Automation और Gig Economy* तेजी से दुनिया बदल रहे हैं।
अगर आप समय रहते तैयार नहीं होते, तो आगे चलकर मुश्किलें आ सकती हैं।
लेकिन आज अपने सोच में एक छोटा सा बदलाव आपकी पूरी जिंदगी बदल सकता है।

इस किताब को कैसे पढ़ें

इसे नियमों की किताब नहीं, बल्कि एक दोस्त की तरह पढ़ें- जो आपका मार्गदर्शन करे, आपको समझाए और आपके साथ आगे बढ़े।

आइए इस यात्रा को साथ शुरू करें,

जिसमें हम सिर्फ पैसा नहीं, बल्कि समय, ऊर्जा, स्वास्थ्य और सपनों को भी संभालना सीखेंगे।

आपकी प्रगति यहीं से शुरू होती है।

परिचय का सारांश

- आज सफलता के लिए सिर्फ मार्क्स नहीं, बल्कि वित्तीय समझ, स्किल्स और संतुलित जीवन ज़रूरी है।
- यह किताब भारतीय मध्यम और निम्न-मध्यम वर्गीय छात्रों के लिए लिखी गई है।
- लेखक (प्रीतेश), जो साधारण पृष्ठभूमि से हैं और एक बैंक में मैनेजर हैं, अपने अनुभव साझा करेंगे।
- हर अध्याय जीवन के एक पहलू पर केंद्रित होगा: वित्त, विकास, उद्यमिता, स्वास्थ्य और भविष्य की योजना।
- लक्ष्य रातोंरात सफलता नहीं, बल्कि लंबे समय तक टिकने वाली प्रगति है।
- भाषा सरल और आम बोल चाल से जुड़ी हुई है।
- यह किताब छात्रों को वास्तविक जीवन के लिए तैयार करने वाली एक मार्गदर्शिका है।

**Gig economy* - *जब लोग किसी कंपनी के लिए*

फुल-टाइम कर्मचारी बनने के बजाय छोटे-छोटे काम या प्रोजेक्ट के आधार पर कमाई करते हैं, तो उसे गिग इकॉनमी कहते हैं।

उदाहरण:

Uber या Ola के ड्राइवर

Zomato / Swiggy के डिलीवरी पार्टनर

Freelancers (content writer, graphic designer, programmer)

1

व्यक्तिगत वित्त की बुनियादी बातें

व्यक्तिगत वित्त (Personal Finance) समझना वैसा ही है जैसे वाक्य लिखने से पहले वर्णमाला सीखना। यह वह नींव है जिस पर भविष्य में आपके सारे वित्तीय फैसले टिकेंगे।

एक बैंककर्मी के रूप में, मैंने देखा है कि बेसिक वित्तीय जानकारी की कमी लोगों को कैसे गलतियों में धकेल देती है-
जैसे उच्च ब्याज वाले लोन, बचत की कमी, निवेश के मौके गंवाना, सही इंश्योरेंस प्लान नहीं चुनना और लगातार पैरेंट्स या दोस्तों से पैसे उधार लेना।

कई छात्रों को लगता है कि "पर्सनल फाइनेंस तो नौकरी वाले लोगों या व्यापारियों के लिए होता है।"
लेकिन सच यह है, जितनी जल्दी आप इसे सीखते हैं, आपका भविष्य उतना ही मजबूत बनता है। आपका विजन उतना ही क्लियर होता है।

आप माने या नहीं माने, अंततः आपके सफलता को आपके धन, स्वास्थ्य एवं अच्छे संबंधों से मापा जाता है।

हो सकता है कि आप पढ़ लिख कर एक अच्छे ओहदे पर चले जाए पर अगर आप इन तीनों - धन, स्वास्थ्य एवं संबंधों को संभाल नहीं पाए तो आप एक असफल व्यक्ति ही होंगे।

1. पर्सनल फाइनेंस क्या है?

पर्सनल फाइनेंस मतलब अपने पैसे को सही तरीके से मैनेज करना-

- कमाई
- खर्च
- बचत
- निवेश
- और जरूरी जोखिमों से सुरक्षा (जैसे बीमा)

आज भले ही आपकी कोई कमाई न हो, लेकिन इन चीजों को समझने से आप भविष्य में समझदार वित्तीय फैसले ले पाएंगे, चाहे पहला पार्ट-टाइम काम या जॉब ही क्यों न हो।

2. सेविंग अकाउंट – आपका पहला वित्तीय उपकरण

ज्यादातर भारतीयों का बैंकिंग सिस्टम से पहला रिश्ता एक सेविंग अकाउंट के माध्यम से ही शुरू होता है।
यह सिर्फ पैसे रखने की जगह नहीं, बल्कि आपकी वित्तीय यात्रा की पहली सीढ़ी है।

सेविंग अकाउंट के फायदे:

- आपका पैसा सुरक्षित रहता है
- खर्चों का रिकॉर्ड मिलता है
- थोड़ा बहुत ब्याज मिलता है (आमतौर पर 2.5–4%)
- भविष्य में लोन लेने के लिए बैंकिंग इतिहास बनता है
- यही सेविंग अकाउंट बाद में आपके सैलरी अकाउंट में भी वर्गीकृत हो सकता है।

टिप: छात्र होने पर ऐसा बैंक चुनें जहाँ Zero Balance Account और अच्छे डिजिटल सुविधाएँ हों।

3. ब्याज की ताकत – Simple और Compound Interest

Simple Interest

सिर्फ मूल राशि (principal) पर मिलता है।

Compound Interest

मूल राशि + उस पर जमा हुए ब्याज दोनों पर मिलता है।

उदाहरण:

₹1,000 को 10% ब्याज पर 3 साल के लिए निवेश करें:

Simple Interest = ₹300

Compound Interest = ₹331

लंबे समय में कंपाउंडिंग आपकी संपत्ति तेजी से बढ़ाती है। इसीलिए इसे दुनिया का "**अष्टम आश्चर्य**" कहा जाता है।

4. महंगाई (Inflation) – आपका पैसा चुपचाप कम करता हुआ चोर

महंगाई मतलब चीज़ों के दाम बढ़ना।
अगर महंगाई 6% है, तो आज का ₹100 अगले साल ₹94 की चीज़ ही खरीद पाएगा।

अगर आपका पैसा महंगाई से तेज़ नहीं बढ़ रहा, तो आपकी खरीदने की क्षमता घट रही है। अर्थात पैसे की क्रय करने की क्षामता (purchasing power) कम हो रही है।

पैसा नकद या सेविंग अकाउंट में पड़े-पड़े धीरे-धीरे अपना मूल्य खो देता है।

5. इमरजेंसी फंड (Emergency Fund) – मुश्किल समय में सुरक्षा कवच

जीवन अनिश्चित है। घर में कोई भी आकस्मिक खर्च, कोई मेडिकल खर्च आदि अगर आ जाए तो पूरा परिवार बोझ तले दबने लगता है। कई बार तो ऐसे स्थिति में लोग उच्च दर पर ऋण भी ले लेते है। पर यही अगर आपके पास इमरजेंसी फंड है तो आपको बहुत चिंता करने कि अवश्यकता नहीं होती।

इमरजेंसी फंड होने से मानसिक शांति मिलती है।

इमरजेंसी फंड आपके 6 महीने के मासिक खर्चे के बराबर होना चाहिए। और इसे सेविंग अकाउंट या ऑनलाइन फिक्स्ड डिपॉजिट के रूप में रखना चाहिए ताकि जब जरूरत हो ये टूट सके।

लक्ष्य: ₹5,000– ₹10,000 से शुरुआत करें।

इसे एक अलग सेविंग अकाउंट या रैकरिंग डिपॉजिट या ऑनलाइन फिक्स्ड डिपॉजिट में रखें, रोजमर्रा वाले खर्चों से दूर।

आप अपने छात्र जीवन से इसकी शुरूआत प्रति माह एक छोटी राशि जैसे rs.100 की रिकरिंग डिपॉजिट (RD) से कर सकते है।

6. बजट क्यों ज़रूरी है?

बजट मतलब - महीने शुरू होने से पहले यह प्लान बनाना कि पैसा कहाँ खर्च होगा।

बजट से मदद मिलती है:

- फालतू खर्च नियंत्रित करने में
- बचत के लक्ष्य पूरे करने में
- पैसे पर नियंत्रण महसूस करने में

एक आसान बजट फॉर्मूला (50-30-20 नियम)

- 50% जरूरतें (खाना, यात्रा)
- 30% इच्छाएँ (घूमना, मनोरंजन)
- 20% बचत/निवेश

आप अपनी आमदनी के अनुसार ऊपर दिए गए प्रतिशत बदल सकते हैं, पर कुछ न कुछ बचत हर हाल में करनी चाहिए, चाहे ₹100 ही क्यों न हो।

7. अच्छा और बुरा कर्ज (Good Debt and Bad Debt)

हर कर्ज बुरा नहीं होता।

अच्छा कर्ज:

ऐसा कर्ज जो आपके स्किल, धन एवं नेटवर्थ में वृद्धि करे।

- शिक्षा लोन
- बिजनेस लोन
- घर का लोन

(इनसे भविष्य में आपकी कमाई, नेटवर्थ बढ़ सकती है)

बुरा कर्ज:

- मोबाइल या पार्टी करने के लिए लिया गया क्रेडिट कार्ड लोन
- पर्सनल लोन बिना वजह के

<u>सुनहरा नियम:</u>

अगर आपका लिया हुआ लोन आपकी कमाई या स्किल नहीं बढ़ाता तो लोन लेने से पूर्व दो बार अवश्य सोचें।

8. डिजिटल पेमेंट और UPI

भारत डिजिटल पेमेंट में दुनिया में सबसे आगे है।
पर इसके साथ सावधानियाँ भी जरूरी हैं। अक्सर ये डिजिटल एप्लीकेशन काफी यूजर फ्रेंडली होते है जिससे खर्च करना काफी आसान हो जाता है।

सीखें:

- UPI ऐप सुरक्षित तरीके से इस्तेमाल करना
- साइबर ठगी से बचाने के लिए कभी OTP, PIN, पासवर्ड न बताना
- डिजिटल पेमेंट से खर्च ट्रैक करना

डिजिटल भुगतान सुविधा देते हैं, लेकिन एक चेतावनी भी की कहीं ज्यादा खर्च न हो जाए!

अक्सर इन प्लेटफॉर्म पर तरह तरह के एड आते रहते है जो हमारे अंदर एक इंप्लसिव (Impulsive) बाइंग (buying) को बढ़ाता है।

कहानी: दो रास्ते

मध्य भारत के एक शांत कस्बे में दो घनिष्ठ मित्र रहते थे-विवेक और समीर। दोनों ने एक साथ स्कूल की गलियों से लेकर कॉलेज की भीड़ तक सफ़र किया था। सपने भी दोनों के लगभग एक जैसे थे, एक स्थिर जीवन, अपना घर, परिवार की सुरक्षा और भविष्य की आरामदायक योजना। परंतु यह कोई नहीं जानता था कि एक ही रास्ते पर चलकर भी दोनों की मंज़िलें कितनी अलग होंगी।

नौकरी लगने के बाद विवेक ने अपनी पहली सैलरी हाथ में लेते ही एक छोटा-सा नियम बना लिया "पहले बचत, फिर खर्च।" वह मानता था कि कमाई तो बहते पानी की तरह है, पर आदतें मिट्टी में बीज की

तरह। यदि शुरुआत सही हो गई, तो समय उसे मजबूत पेड़ बना देगा। इसलिए सैलरी मिलते ही वह 30% राशि अलग रख देता। कुछ PF में, कुछ NPS में, कुछ RD में और बाकी SIP में। उसने अपने खर्चों को बेहद साधारण रखा। मोबाइल वही जो जरूरत पूरी करे, बाइक वही जो जेब पर बोझ न बने, और outings वही जो सीमा में हों। लेकिन इन छोटी-छोटी बातों ने धीरे-धीरे उसके आसपास एक सुरक्षात्मक कवच बना दिया।

उधर समीर की सोच बिल्कुल अलग थी। उसको लगता था कि "कमाओ ताकि तुरंत जी सको।" समीर YOLO (You only live once) विचारधारा का समर्थक था। नौकरी लगते ही वह ब्रांडेड कपड़े, नया फोन, EMI पर बाइक और हर दूसरे वीकेंड पार्टी में पैसे उड़ाने, अनावश्यक घूमने में यकीन रखता था। क्रेडिट कार्ड उसके लिए सुविधा नहीं, बल्कि एक खुला हुआ दरवाज़ा था, जिसके दूसरी तरफ़ धीरे-धीरे बढ़ता हुआ कर्ज़ खड़ा था। महीने के अंत में जब भी बचत की बात आती, उसका जवाब हमेशा एक ही होता- "अगले महीने से शुरू करूँगा।"

एक साल बाद कंपनी में मंदी आई। कई लोगों की सैलरी में कटौती हुई और कुछ को नौकरी छोड़नी पड़ी। लोगों के दिलों में भय था, लेकिन विवेक का चेहरा फिर भी शांत था। उसकी बचत, उसके निवेश और उसका emergency fund उसे मानसिक मजबूती दे रहे थे। उसी दौरान समीर के ऊपर क्रेडिट कार्ड का बोझ बढ़ चुका था। हर महीने EMI का दबाव, ऊपर से सैलरी कट, यह सब उसके आत्मविश्वास को अंदर तक खा गया था। तनाव इतना बढ़ गया कि वह रातों को ठीक से सो भी नहीं पाता था।

समय बीतता गया। जहाँ विवेक धीरे-धीरे अपने छोटे घर की down payment जुटाता गया, वहीं समीर एक कर्ज़ चुकाकर दूसरे में फँसता रहा। विवेक ने दस साल में अपना घर खरीद लिया, बिना EMI की एक औसत जरूरत अनुसार कार ली, और लगभग 40 लाख रुपये की मजबूत बचत खड़ी कर ली। उसका परिवार सुरक्षित था और उसका भविष्य भी। दूसरी ओर समीर लगातार नौकरी बदलता रहा, कभी EMI से भागता, कभी दोस्तों से उधार लेता। उसका आत्मविश्वास अक्सर टूट जाता था क्योंकि उसे लगता था कि जिंदगी उसकी मुट्ठी से फिसलती जा रही है।

दस साल बाद कॉलेज का एक reunion रखा गया। भीड़ में विवेक और समीर आमने-सामने आए। वर्षों में उनके चेहरे बदल गए थे, पर एक चीज़ स्पष्ट थी, जीवन ने दोनों को अलग-अलग रूप दिए थे। विवेक के चेहरे पर शांति थी, आँखों में ठहराव और बोलचाल में आत्मविश्वास। वहीं समीर की आँखों में थकान थी, मानो उसने वर्षों से किसी अदृश्य बोझ को ढोया हो।

समीर ने धीमी आवाज़ में पूछा,

"हमने शुरुआत एक साथ की थी... फिर तुम इतना आगे कैसे निकल गए, विवेक?"

विवेक हल्के-से मुस्कुराया और बोला,

"मेरे दोस्त, फर्क हमारी कमाई में नहीं था। फर्क इस बात में था कि हम उसे कैसे संभालते थे। पैसा हमें अमीर नहीं बनाता... आदतें बनाती हैं।"

यह वाक्य समीर के दिल में तीर की तरह लगा। उसे पहली बार महसूस हुआ कि उसकी असफलता उसकी किस्मत की वजह से नहीं, बल्कि उसकी वित्तीय आदतों की वजह से थी। वह देर रात तक पार्टी करने और हर नयी चीज़ के पीछे भागने में इतना खो चुका था कि उसने भविष्य की नींव ही कभी मजबूती से डाली नहीं।

उसी रात समीर ने निर्णय लिया कि वह अपनी जिंदगी को नए सिरे से शुरू करेगा। उसने पहली बार अपने खर्च लिखे, कार्ड के कर्ज़ बंद करने की योजना बनाई, और एक छोटी-सी SIP शुरू की, बिल्कुल वैसे ही जैसे विवेक ने दस साल पहले किया था। उसे पता था कि मंज़िल दूर है, लेकिन दिशा अब सही है।

विवेक ने उसकी पीठ पर हाथ रखकर कहा,

"कभी देर नहीं होती, समीर। वित्तीय आज़ादी एक दिन में नहीं आती, पर सही आदतें हर दिन तुम्हें उसके करीब ले जाती हैं।"

और इसी तरह, दो दोस्तों की जिंदगी- एक अनुशासन से सजी, दूसरी गलतियों से टूटी- एक ही संदेश देती है:

"कमाई से ज्यादा महत्वपूर्ण है, उसे संभालने की क्षमता।"

अध्याय 2 का सारांश

- पर्सनल फाइनेंस का मतलब है पैसे को सही ढंग से मैनेज करना। यह जल्दी सीखना फायदेमंद है।
- सेविंग अकाउंट, बजट, ब्याज और महंगाई की समझ जरूरी है।
- इमरजेंसी फंड रखें और बुरे कर्ज से दूरी बनाएँ।
- डिजिटल पेमेंट सीखें, पर सावधानी से।
- इन बुनियादी बातों को समझकर आप बड़े वित्तीय फैसले आसानी से ले सकेंगे।

अगले अध्याय में हम सीखेंगे कि पैसे को सिर्फ बचाना ही नहीं, बल्कि कैसे बढ़ाया जाए -
ऐसे स्मार्ट सेविंग और निवेश तरीकों के साथ जो छात्रों के लिए बिल्कुल उपयुक्त हैं।

2

समझदार वित्तीय आदतें और साफ़ जीवन-लक्ष्य (Clear Life Vision)

मध्यम और निम्न-मध्यम वर्ग के छात्रों के लिए पैसा कभी भी हल्के में लेने की चीज़ नहीं होता। बचपन से ही हमसे कहा जाता है -
"पैसे संभालकर खर्च करो,"
"भविष्य के लिए बचत करो,"
"फालतू खर्च मत करो।"

लेकिन हमें यह शायद ही कभी सिखाया जाता है कि असली वित्तीय समझदारी (financial prudence) क्या होती है, या अपने जीवन के लिए साफ़ विज़न कैसे बनाया जाता है।

इस अध्याय में मैं दो ऐसी आदतें बताऊँगा जो आपके भविष्य को पूरी तरह बदल सकती हैं:

- वित्तीय समझदारी (Financial Prudence)

- साफ़ जीवन-विजन (Clear Life Vision)

ये दोनों मिलकर आपकी जीवन यात्रा के लिए कंपास (दिशा निर्देशक) और फ्यूल का काम करते हैं।

विक्तीय समझदारी को समझना

वित्तीय समझदारी का मतलब कंजूस बनना नहीं है।
इसका मतलब है,
स्मार्ट तरीके से खर्च करना, सोच-समझकर बचत करना और गलती से या दबाव में आकर पैसे खर्च न करना।

जब मैंने बैंकिंग शुरू की, मैंने कई युवाओं को गलत वित्तीय फैसलों से परेशान होते देखा:

नया स्मार्टफोन

महंगी बाइक

फैंसी कपड़े

और ये सब चीजें EMI पर!

फालतू के ऑनलाइन कोर्स

ये चीजें कुछ दिनों की खुशी देती है, लेकिन महीनों की टेंशन साथ लाती है।

आज कल बहुत सारे इन्फ्लूएंसर बहुत सारे व्यर्थ के कोर्स तरह तरह के वादे कर के बेचते है। जो वास्तव में आपके स्किल में कोई वृद्धि नहीं करते बल्कि आपके समय एवं पैसे की बर्बादी करते है। ये कोर्स सिर्फ आपको सपने दिखाते है और आपको बहुत ही Low Value कंटेंट देते हैं।

दूसरी तरफ, कई छात्र ऐसे मिले जो पार्ट-टाइम ट्यूशन या इंटर्नशिप से मिली थोड़ी सी कमाई को भी बचाते थे और उसे किसी स्किल सीखने या पढ़ाई में लगाते थे।

फर्क कमाई का नहीं था, सोच का था।

वित्तीय समझदारी के मुख्य सिद्धांत

✓ 1. बजट बनाना

हर महीने आपका पैसा कहाँ जाता है, यह जानना जरूरी है। हर महीने अपने खर्च की एक सूची बनाए और खर्च को दो हिस्सों में विभाजित करे एक जरूरी, दूसरा गैर जरूरी।

✓ 2. पहले बचत, बाद में खर्च

महीने में बचत करने का एक लक्ष्य बनाए और सबसे पहले उस बचत को करे और बाद में बचे राशि को अपने दिनचर्या के लिए खर्च करे। ध्यान रखे कि बचत की राशि सोच समझ कर तय करे। इस कार्य में महीने का बजट आपकी सहायता करेगा।

✓ 3. फालतू लोन से बचें

ऐसी चीजों के लिए कर्ज मत लें जो आगे चलकर आपके काम न आएँ।

कर्ज लेने का एक सामान्य नियम है, अगर कर्ज की राशि आप ऐसे कार्य के लिए ले रहे है जो आपके ज्ञान, आय और नेटवर्थ को बढ़ाने में सहायक नहीं है तो ऐसे कार्य के लिए कर्ज न ले। इस तरीके का खर्च आपको **कर्ज के मकर जाल** (debt trap) में फंसाएगा। लग्जरी जैसे महंगे मोबाइल, वेकेशन, महंगे वाहन आदि के लिए कर्ज नहीं लेना चाहिए।

✓ 4. लंबी सोच रखें

खुद से पूछें "क्या यह चीज़ 5 साल बाद मेरे काम आएगी?"

"क्या यह चीज आपके जीवन में गुणात्मक (Qualitative) सुधार करेगी?"

अपनी खर्चों की लिस्ट बनाइए।

आप खुद हैरान हो जाएंगे कि जागरूक होकर आप कितना बचा सकते हैं।

<u>क्लियर लाइफ-विजन बनाना</u>

विजन आपके लिए एक पर्सनल GPS है।
इसके बिना आप मेहनत तो करेंगे, लेकिन दिशा सही नहीं होगी।

एक छात्र का विज़न सिर्फ करियर तक सीमित नहीं होना चाहिए, बल्कि इस पर भी होना चाहिए:

आप किस तरह की ज़िंदगी चाहते हैं

कौन-सी स्किल्स सीखना चाहते हैं

आपके मूल्य (values) क्या हैं। जो कार्य आप कर रहे हैं या जो भविष्य में करेंगे वो आपके मूल्यों के अनुरूप है

आप किस तरह के लोगों के बीच रहना और सीखना चाहते हैं

एक अच्छा शारीरिक एवं मानसिक स्वास्थ्य भी आपके जीवन का लक्ष्य होना चाहिए

मैंने कॉलेज में ही अपना विज़न सेट किया था -
"आर्थिक रूप से स्वतंत्र बनना, स्वास्थ्य पर ध्यान देना, नियमित व्यायाम करना, शुरू से ही बचत पर ध्यान देना, परिवार की मदद करना और अपने जैसे छोटे शहर के छात्रों को मार्गदर्शन देना।"

इस स्पष्टता ने मुझे हर निर्णय में मदद की जैसे,
कौन-सी पढ़ाई करनी है, ऑफिस में कितना कार्य करना है, किन चीज़ों में समय बर्बाद नहीं करना है, कैसे आगे बढ़ना है। करियर और स्वास्थ्य में कब करियर पर ज्यादा और कब स्वास्थ्य पर ज्यादा ध्यान देना है।

अपना विज़न बनाने के लिए खुद से ये सवाल पूछें:

- मैं 5–10 साल बाद कैसी जिंदगी चाहता हूँ?
- मुझे अभी कौन-सी आदतें और स्किल्स विकसित करनी चाहिए?
- किन लोगों से सीखना चाहिए? किनके साथ समय बिताना चाहिए?

इन जवाबों को लिखिए और हर महीने दोबारा पढ़िए।
विजन आपको फोकस्ड रखता है और गलत चीजों को "नहीं" कहने की ताकत देता है।

एक वास्तविक उदाहरण

एक छात्र जिसे मैं जानता था, वह ₹2000 महीने की ट्यूशन देता था।
वह चाहता तो ये पैसे मोबाइल या फालतू चीजों में खर्च कर देता।

लेकिन उसने यह पैसा स्पोकेन इंग्लिश सीखने और पब्लिक स्पीकिंग कोर्स करने में लगाया।

जो बाद में उसे एक बेहतरीन स्पीकर बनाने में सहायक सिद्ध हुआ। उसने कई जॉब इंटरव्यू का सामना किया और उसमें सफल हुआ।

यही है असली वित्तीय समझदारी और क्लियर विज़न की शक्ति।

सच्ची प्रेरणादायक कहानी: रतन टाटा – बचपन में बोई गई बचत की आदत

भारत के सबसे सम्मानित उद्योगपतियों में से एक, रतन टाटा, सिर्फ कारोबारी सफलता का ही नहीं, बल्कि अनुशासन, सादगी और बचत का भी बड़ा उदाहरण हैं।

हालाँकि उन्हें टाटा परिवार का नाम मिला, लेकिन उनके जीवन में पैसा कभी भी फिजूलखर्ची का साधन नहीं बना।

छात्र जीवन से ही सरलता और बचत की आदत

रतन टाटा अमेरिका में पढ़ाई के लिए गए, लेकिन वहाँ की पढ़ाई के दौरान उन्होंने अपने खर्चे को बहुत सोच-समझकर चलाया।

वे खुद खाना बनाते थे ताकि बाहर खाने पर पैसे कम खर्च हों।

उन्होंने अपनी जरूरतें बहुत सीमित रखीं- कपड़े, जूते, किताबें सब कुछ सिर्फ जरूरत के अनुसार लेते थे।

पार्ट-टाइम काम करते थे जिससे उन्हें अपनी पढ़ाई और रहने का कुछ खर्च खुद उठाने में मदद मिल जाती थी।

उनका कहना था-

"यदि आप कम में जीना सीख लेते हैं, तो आप जीवन में बड़ी ऊँचाइयाँ बिना डर के छू सकते हैं।"

यही सोच उनके अंदर बचत की आदत को और मजबूत करती गई।

अध्याय 1 का सार (Summary)

- वित्तीय समझदारी मतलब- समझदारी से खर्च, पहले बचत, और कर्ज से दूरी।
- बजट और छोटी बचतें मिलकर मजबूत आर्थिक नींव बनाती हैं।
- लाइफ विज़न आपको सही दिशा और फोकस देता है।
- दैनिक आदतें हमेशा आपके लंबे लक्ष्य से जुड़ी होनी चाहिए।
- असली सफलता वही है जहाँ आपकी वित्तीय आदतें और लाइफ-विजन एक साथ काम करते हैं।

अगले अध्याय में, हम व्यक्तिगत वित्त (Personal Finance) की बुनियादी बातें सीखेंगे जैसे-

सेविंग अकाउंट, ब्याज, महंगाई, और इमरजेंसी फंड।

3

समझदारी से बचत और निवेश

जब आप पर्सनल फाइनेंस की बुनियादी बातें समझ लेते हैं, तो आपका अगला कदम सिर्फ बचत करना नहीं, बल्कि अपने पैसों को बढ़ाना होता है। अगर आप अपने पैसे को बढ़ाने पर ध्यान नहीं देंगे तो धीरे धीरे मुद्रास्फीति या महंगाई (Inflation) के चलते आपके रखे हुए पैसे अपना मूल्य खो देते है।

एक बैंककर्मी के रूप में, मैंने देखा है कि कैसे छोटे-छोटे और शुरुआती निवेशों ने कम आय वाले परिवारों की ज़िंदगी भी बदल दी। और अच्छी बात यह है कि निवेश शुरू करने के लिए अमीर होना जरूरी नहीं - जरूरी है अनुशासन, धैर्य और बुनियादी ज्ञान।

1. बचत vs निवेश

✓ बचत (Saving):

पैसों को सुरक्षित जगह (जैसे बैंक, पोस्ट ऑफिस) में रखना, ताकि ज़रूरत पड़ने पर इस्तेमाल हो सके।
यह अल्पकालिक (short-term) जरूरतों के लिए होता है। परन्तु ऐसा करने पर आपके पैसों का भविष्य में महंगाई के चलते मूल्य तो कम नहीं

होता है पर बढ़ता भी नहीं है।

सामान्य सेविंग सिर्फ और सिर्फ इनफ्लेशन से सुरक्षा देते हैं - वास्तव में आपके पैसे को बढ़ाते नहीं है।

उदाहरण तौर पर अगर आप किसी राशी की FD (फिक्स्ड डिपॉजिट) करते है तो आपको महज 6 से 7 % प्रति वर्ष ब्याज मिलता है और साथ में महंगाई भी इसी दर से बढ़ रही है अर्थात आपको जितना ब्याज मिला उतना ही महंगाई भी बढ़ा। इसका मतलब आपके धन में वास्तविक कोई वृद्धि नहीं हुई बस इसका मूल्य संरक्षित रहा है।

- ध्यान रहे जब भी आप सेविंग करे तो किसी सुरक्षित जगह पर ही करे।

✔ निवेश (Investing):

पैसों को ऐसे साधनों में लगाना (जैसे म्यूचुअल फंड, स्टॉक, गोल्ड), जिनका मूल्य समय के साथ बढ़ सकता है।

निवेश एक तरह से आपके पैसे को काम पे लगाता है जहां से पैसे से पैसा बनता है। जैसे - अगर आप अपने पैसे को म्यूचुअल फंड में लगाते है तो इन पैसों का प्रयोग बहुत सारे कंपनी अपने बिजनेस में करते है और वहां से ये कंपनी प्रॉफिट कमा के म्यूचुअल फंड इन्वेस्टर को उनका हिस्सा देती है।

ठीक उसी तरह अगर आप किसी कंपनी के स्टॉक में पैसा लगाते है तो आप एक तरह से उस कंपनी में हिस्सेदारी खरीद रहे है और कंपनी मुनाफा होने पर आपको आपके हिस्से अनुसार लाभ सांझा करती है।

निवेश करने के लिए आप **सोच समझकर जोखिम (calculated risk)** ले सकते है।

यह दीर्घकालिक (long-term) लक्ष्यों के लिए होता है।

अपने - अपने स्थान पर दोनों जरूरी हैं।

इमरजेंसी और छोटे लक्ष्यों के लिए बचत करें।

शिक्षा, बिजनेस, रिटायरमेंट या घर जैसे बड़े लक्ष्यों के लिए निवेश करें।

2. जल्दी शुरुआत क्यों जरूरी है?

जितनी जल्दी आप बचत/निवेश शुरू करते हैं, आपका पैसा उतना ज्यादा बढ़ता है। जितने ज्यादा समय तक आपका धन निवेशित रहेगा उतना ज्यादा आप कंपाउंडिंग के लाभ ले सकेंगे।

उदाहरण:

स्टूडेंट A, 7% की ब्याज दर पर, 18 साल की उम्र में ₹500/माह निवेश शुरू करता है।

स्टूडेंट B भी, 7% की ब्याज दर पर, 28 साल में ₹1,000/माह निवेश शुरू करता है।

40 साल की उम्र में, A ने कुल ₹1,32,000 निवेश किया और लगभग ₹3,05,000 परिपक्वता राशि प्राप्त की। वहीं B ने कुल ₹ 1,44,000 (A से ज्यादा) निवेश किया और ₹2,22,800 परिपक्वता राशि प्राप्त की जो A के परिपक्वता राशि से कम है। क्योंकि A का धन ज्यादा समय के लिए निवेशित रहा और कंपाउंडिंग का ज्यादा समय मिला। इसलिए जितना जल्दी हो सके बचत/निवेश शुरू कर देना चाहिए।

3. छात्र कहाँ बचत या निवेश कर सकते हैं?

a) रिकरिंग डिपॉजिट (RD)

- हर महीने निश्चित राशि जमा करें
- सुरक्षित, निश्चित रिटर्न
- शुरुआत ₹100 या ₹500 से भी कर सकते हैं

उदाहरण:

राहुल हर महीने ₹500 जमा करता है।

1 साल में उसने ₹6000 बचाए + थोड़ा ब्याज भी मिलता है।

सीख: नियमित बचत करने की आदत बनती है

फिक्स्ड डिपॉजिट (FD)- बैंक में आप एक निश्चित राशि निश्चित समय के लिए निर्धारित ब्याज पर जमा करते है और अंत में परिपक्वता (Maturity) होने पर वो ब्याज के साथ वो राशि (Maturity Amount) आपको प्राप्त होती है।

b) सार्वजनिक भविष्य निधि (PPF)

सरकार द्वारा समर्थित लंबी अवधि का निवेश

- 15 साल का लॉक-इन
- 7-8% सालाना ब्याज + टैक्स फ्री
- लंबी अवधि में संपत्ति बनाने के लिए बेहतरीन

पीपीएफ खाता किसी भी सार्वजनिक बैंक जैसे SBI या पोस्ट ऑफिस में खुलवा सकते हैं।

c) म्यूचुअल फंड्स (SIP के ज़रिए)

₹100/माह से भी शुरुआत कर सकते हैं।

SIP (Systematic Investment Plan) में आप हर महीने थोड़ा पैसा निवेश करते हैं (₹100 से भी शुरू)।

खास बातें:

- पैसा शेयर बाजार में लगाया जाता है
- लंबे समय में अच्छा रिटर्न मिल सकता है

प्रकार-

Debt Mutual Funds: कम जोखिम, कम अवधि के लिए- जब आप Debt Mutual Fund में निवेश करते हैं, तो आपका पैसा:

सरकार को (Government Bonds)

कंपनियों को (Corporate Bonds)

या बैंकों को उधार दिया जाता है, और बदले में आपको ब्याज (Interest) मिलता है।

Equity Mutual Funds: ज्यादा रिटर्न की संभावना, पर जोखिम थोड़ा अधिक - लंबे समय के लिए अच्छे

जब आप Equity Mutual Fund में निवेश करते हैं, तो आपका पैसा: Reliance Industries,TCS, HDFC Bank जैसी कंपनियों के शेयर में लगाया जाता है।

अगर ये कंपनियाँ अच्छा प्रदर्शन करती हैं, तो आपका पैसा भी बढ़ता है ।

प्लैटफॉर्म:बैंक से, Groww, Zerodha Coin, Paytm Money, SBI Mutual fund app Investap से

d) सोना (Digital / SGB / Physical)

भारतीय घरों में सोने की भावनात्मक और वित्तीय दोनों कीमत है।

सोना (Gold) एक ऐसा निवेश है जिसकी कीमत समय के साथ बढ़ सकती है और इसे सुरक्षित (Safe) निवेश माना जाता है।

आसान शब्दों में:

"सोना वह संपत्ति है जो महंगाई (Inflation) से आपके पैसे की रक्षा करती है।"

जब आप सोना खरीदते हैं:

अगर सोने की कीमत बढ़ती है → आपका पैसा बढ़ता है

अगर कीमत घटती है → थोड़ी हानि हो सकती है

लेकिन लंबे समय में सोना अक्सर अपनी वैल्यू बनाए रखता है।

सोने में निवेश के तरीके

1. Physical Gold (ज्वेलरी, सिक्के)

आसानी से खरीदा जा सकता है

लेकिन मेकिंग चार्ज और चोरी का जोखिम

2. Digital Gold

मोबाइल ऐप से खरीद सकते हैं

सुरक्षित और छोटे अमाउंट से शुरू

3. Sovereign Gold Bond (SGB)

सरकार द्वारा जारी

सोने की कीमत बढ़ने के साथ-साथ ~2.5% अतिरिक्त ब्याज

सबसे सुरक्षित और फायदेमंद विकल्प

e) स्टॉक मार्केट

केवल उन छात्रों के लिए जिनकी दिलचस्पी और ज्ञान हो

बिना समझे कभी निवेश न करें

धीरे-धीरे और लंबी अवधि के लिए निवेश करें

स्टॉक मार्केट वह जगह है जहाँ कंपनियों के शेयर खरीदे और बेचे जाते हैं।

आसान शब्दों में: "स्टॉक मार्केट में आप किसी कंपनी का छोटा सा हिस्सा खरीदते हैं।"

जब आप किसी कंपनी का शेयर खरीदते हैं:

आप उस कंपनी के छोटे मालिक (Owner) बन जाते हैं

- अगर कंपनी अच्छा करती है → आपका पैसा बढ़ता है
- अगर कंपनी खराब करती है → नुकसान हो सकता है

उदाहरण (समझने के लिए)

मान लीजिए आपने इन कंपनियों के शेयर खरीदे:

Reliance Industries,

Infosys

अगर इन कंपनियों का बिज़नेस बढ़ता है, तो आपके शेयर की कीमत भी बढ़ेगी।

4. वित्तीय लक्ष्य सेट करना

लक्ष्य होने से बचत का उद्देश्य स्पष्ट होता है।

उदाहरण:

₹15,000 -1 साल में लैपटॉप

₹1,00,000 - 3 साल में कोई कोर्स

लक्ष्य को महीनों में बाँटिए और उसी हिसाब से बचत/निवेश की योजना बनाइए।

5. इन गलतियों से बचें

- बिना लक्ष्य के बचत करना
- सारी बचत सिर्फ सेविंग अकाउंट में रखना
- बिना रिसर्च किए जोखिम भरे निवेश करना
- फेक ऐप्स या स्कैम वाले क्रिप्टो में पैसे लगाना
- महंगाई को नजरअंदाज करना
- पैसे को बढ़ाने के शॉर्टकर्ट खोजना

6. एक अच्छे निवेशक की मानसिकता

अच्छा निवेशक सिर्फ "ज्यादा रिटर्न" के पीछे नहीं भागता। वह:

- लंबी अवधि की सोच रखता है
- अनुशासन बनाए रखता है
- मार्केट गिरने पर घबराता नहीं
- लगातार सीखता रहता है

निवेश विशेषज्ञ बनना जरूरी नहीं - बस जरूरत है तो एक शुरुआत और नियमितता

छोटी शुरुआत + नियमितता = बड़ा फायदा

वास्तविक उदाहरण (मेरे बैंकिंग अनुभव से)

एक 22 वर्षीय इंजीनियरिंग छात्र ने मेरे शाखा में ₹1,000/माह का RD शुरू किया। कुछ समय बाद उसने ₹2,000/माह की SIP शुरू कर दी।

5 साल बाद उसके पास ₹1.7 लाख से अधिक जमा हो गए।

उसने इस पैसे से एक प्रोफेशनल कोर्स किया और उसी की बदौलत उसे एक टॉप IT कंपनी में नौकरी मिली।

उसकी शुरुआत सिर्फ ₹1,000 से हुई थी।
यही है नियमितता की शक्ति।

अध्याय 3 का सारांश

- बचत पहला कदम है - संपत्ति बढ़ाना निवेश से होता है।
- जल्दी शुरुआत करें, चाहे ₹100 या ₹500 ही क्यों न हो।
- RD, PPF, SIP, डिजिटल गोल्ड - अपने लक्ष्य और जोखिम क्षमता के अनुसार चुनें।
- स्पष्ट लक्ष्य बनाकर ही बचत और निवेश करें।
- गलतियों से बचें खासकर बिना समझ के जोखिम उठाने से।
- शुरुआती बचत और निवेश आपकी आत्मविश्वास और भविष्य की आज़ादी की नींव बनाते हैं।

अगले अध्याय में हम जानेंगे कि कैसे स्किल्स और पर्सनल ग्रोथ के जरिए आप अपनी कमाई की क्षमता बढ़ा सकते हैं।

4

स्किल्स और पर्सनल ग्रोथ

पैसा ज़रूरी है, लेकिन स्किल्स (कौशल) आपकी असली संपत्ति हैं। नौकरी खो जाए, बिज़नेस बंद हो जाए या आर्थिक मुश्किलें आएँ - स्किल्स हमेशा आपके साथ रहती हैं।

बैंक में काम करते हुए मैंने ऐसे लोगों को देखा है जो लाखों कमाते थे या कमा सकते थे,
लेकिन खराब कम्युनिकेशन या गलत रवैये (attitude) के कारण आगे नहीं बढ़ पाए।
और दूसरी तरफ, छोटे परिवारों के छात्र सिर्फ अपने कौशल, मेहनत और सीखने की आदत से बड़ी ऊँचाइयों पर पहुँचे।

इस अध्याय में हम सीखेंगे कि छात्र कैसे जल्दी से स्किल्स पर काम शुरू कर सकते हैं ताकि उन्हें सिर्फ आर्थिक नहीं, बल्कि जीवन में हर तरह की सफलता मिले।

1. पर्सनल ग्रोथ क्यों ज़रूरी है?

सफलता सिर्फ मार्क्स या डिग्री से नहीं मिलती।
सफलता मिलती है-

- नई परिस्थितियों में ढलने की क्षमता (adaptability)
- अनुशासन
- भावनात्मक समझ (emotional intelligence)
- और नई चीज़ें सीखने की इच्छा से

पर्सनल ग्रोथ आपके टैलेंट और सफलता के बीच पुल (bridge) का काम करती है।

जो छात्र पढ़ने, आदतें सुधारने और चरित्र निर्माण में समय लगाते हैं,
वे हमेशा आगे रहते हैं।

2. कौन-कौन सी स्किल्स पर हर छात्र को ध्यान देना चाहिए

a) कम्युनिकेशन स्किल्स

✓ साफ़, आत्मविश्वास से बोलना सीखें

✓ ईमेल, रिज्यूमे और कवर लेटर लिखना

✓ पब्लिक स्पीकिंग का अभ्यास - डिबेट में शामिल हों, TED Talks सुनें, बोलते हुए खुद का वीडियो रिकॉर्ड करें

b) डिजिटल स्किल्स

✓ MS Excel, Word, PowerPoint

✓ बेसिक कोडिंग (Python या HTML)

✓ इंटरनेट, AI टूल्स और ऑनलाइन प्लेटफॉर्म का स्मार्ट इस्तेमाल

c) वित्त और बिज़नेस समझ

✓ वित्तीय समाचार पढ़ें

✓ YouTube पर फाइनेंस के सरल वीडियो देखें

✓ भारत की अर्थव्यवस्था, सरकारी योजनाएँ के बारे में जाने और डिजिटल फाइनेंस सीखें

d) सॉफ्ट स्किल्स

✓ समय प्रबंधन

✓ भावनात्मक बुद्धिमानी

✓ टीमवर्क और नेतृत्व

✓ समस्या समाधान

आज कंपनियाँ और सफल उद्यमी इन्हें सबसे ज्यादा महत्व देते हैं।

3. कम खर्च में स्किल्स कैसे सीखें?

✓ YouTube

Skillopedia, Study IQ, Finology, Josh Talks

✓ Apps

Duolingo, LinkedIn Learning (free trials), Coursera (free courses), Khan Academy

✓ सरकारी प्लेटफॉर्म

SWAYAM, NPTEL, Skill India Portal- बिल्कुल फ्री सर्टिफिकेशन

✓ इंटर्नशिप / वॉलंटियरिंग

चाहे बिना पैसे के ही क्यों न हो,

यह अनुभव और स्किल्स दोनों देता है। रिज्यूमे पर बहुत प्रभाव डालता है।

4. अनुशासन और अच्छी आदतें बनाना

स्किल्स एक दिन में नहीं बनतीं।

इसके लिए लगातार अभ्यास चाहिए।

✓ दैनिक/साप्ताहिक टाइमटेबल बनाएं

✓ 21-दिन नियम अपनाएँ: 21 दिन लगातार करने से आदत बन जाती है

✓ To-do लिस्ट और habit tracker इस्तेमाल करें

✓ Notion या Todoist जैसी ऐप्स उपयोग करें

✓ हर दिन 10 पेज पढ़ने से भी आपकी सोच एक साल में बदल सकती है।

5. इंग्लिश और पर्सनैलिटी डेवलपमेंट

भारत में, खासकर छोटे शहर या हिंदी मीडियम छात्रों के लिए, इंग्लिश एक बहुत बड़ा फायदा देती है -
लेकिन यह आसानी से सीखी जा सकती है।

✓ रोज़ एक अंग्रेजी खबर पढ़ें
✓ आईने के सामने बोलने का अभ्यास करें
✓ सबटाइटल के साथ अंग्रेजी फिल्में देखें
✓छोटी-छोटी डायरी प्रविष्टियाँ (entries) अंग्रेजी में लिखें

पर्सनैलिटी कपड़ों से नहीं बनती -
स्वस्थ शरीर, स्पष्टता, आत्मविश्वास और दूसरों के प्रति संवेदनशीलता (empathy) से बनती है।

6. स्वास्थ्य और उत्पादकता का संबंध

तेज़ दिमाग के लिए स्वस्थ शरीर जरूरी है। और इसके लिए निम्नलिखित बातों को अपनाए।

✓ रोज़ थोड़ा वॉक या स्ट्रेचिंग, व्यायाम
✓ कम शुगर और कम जंक फूड
✓ जरूरत के अनुसार भोजन
✓ पर्याप्त पानी
✓ 6-7 घंटे की नींद

शरीर ठीक होगा तभी दिमाग तेज़ चलेगा।

बैंकिंग अनुभव से एक सच्ची कहानी

मेरे एक जूनियर कर्मचारी छोटे शहर से आए थे।
उनकी इंग्लिश कमजोर थी, लेकिन अनुशासन बहुत मजबूत था।

वे रोज़ 1 घंटे:

Excel सीखते

और बिज़नेस खबरें पढ़ते

3 साल में उन्होंने इंटरनल एग्जाम क्लियर किया और अफसर बन गए।

यह किस्मत नहीं - यह निरंतरता और अनुशासन थी।

अध्याय 4 का सारांश

- स्किल्स आपकी असली संपत्ति हैं - ये जीवनभर साथ रहती हैं।
- कम्युनिकेशन, डिजिटल स्किल्स, बिज़नेस समझ और सॉफ्ट स्किल्स पर ध्यान दें।
- इंटरनेट फ्री यूनिवर्सिटी है, इसका सही इस्तेमाल करें।
- आदतें और अनुशासन सफलता की बुनियाद हैं।
- अंग्रेजी, स्वास्थ्य और सही रवैया जीवन बदल सकते हैं।
- पर्सनल ग्रोथ से आप आर्थिक और जीवन, दोनों तरह की सफलता हासिल कर सकते हैं।

अगले अध्याय में हम जानेंगे कि पढ़ाई के साथ-साथ कमाई कैसे शुरू करें -
छोटे बिज़नेस, फ्रीलांसिंग और साइड हसल्स के ज़रिए।

5

उद्यमिता और साइड हसल्स

अधिकतर छात्रों को लगता है कि पैसा कमाना पढ़ाई खत्म करने के बाद ही संभव है।
लेकिन आज के डिजिटल समय में छात्र पढ़ाई के साथ-साथ भी कमाई शुरू कर सकते हैं -
सिर्फ पैसे के लिए नहीं, बल्कि:

- वास्तविक अनुभव पाने
- आत्मविश्वास बढ़ाने
- और अपनी क्षमताओं को पहचानने के लिए

हर महीने मैं सैकड़ों युवा और खाता धारकों से मिलता हूँ।
मैंने देखा है कि साइड हसल्स ने कई युवाओं की आर्थिक और व्यक्तिगत ज़िंदगी बदल दी है।

1. छात्रों को साइड हसल क्यों करना चाहिए?

✓ आर्थिक स्वतंत्रता

₹2,000- ₹5,000/माह भी परिवार का बोझ कम कर सकता है और आपका आत्मविश्वास बढ़ाता है।

✓ स्किल डिवेलपमेंट

आप समय प्रबंधन, कम्युनिकेशन और प्रोफेशनलिज़्म सीखते हैं।

✓ रिज्यूमे मजबूत होता है

रियल अनुभव आपको भीड़ से अलग करता है और व्यावहारिक ज्ञान प्रदान करता है।

✓ खुद को पहचानने का मौका

पता चलता है कि आपको किस काम में मज़ा आता है, और भविष्य में कौन सा करियर आपके लिए अच्छा रहेगा।

2. एक छात्र उद्यमी (Student Entrepreneur) की खूबियाँ

उद्यमी बनने के लिए पैसे या बड़े कॉन्टैक्ट्स की जरूरत नहीं।
जरूरत है:

- जिज्ञासा (Curiosity)
- नियमितता (Consistency)
- समस्या हल करने की सोच
- गलतियों से सीखने का साहस

उद्यमिता छोटे-छोटे कदमों से शुरू होती है -
कोई भी स्टार्टअप एक दिन में नहीं बनता।

3. भारतीय छात्रों के लिए बेहतरीन साइड हसल्स

a) Freelancing

स्किल्स का उपयोग करके काम करें -
Content writing, video editing, graphic design, coding

आदि।

प्लैटफॉर्म्स:

Fiverr, Upwork, Internshala, Freelancer

टिप: शुरुआत में फ्री या कम पैसे में काम करके पोर्टफोलियो बनाएं।

b) Teaching & Tutoring

आस-पास के बच्चों को पढ़ाएँ

ऑनलाइन ट्यूशन दें

प्रतियोगी परीक्षाओं के डाउट सॉल्व करें

प्लैटफॉर्म्स: Vedantu, Chegg, SuperProf

c) Affiliate Marketing

YouTube, Instagram या WhatsApp पर प्रोडक्ट प्रमोट करें

लिंक के जरिए बिकने पर कमीशन कमाएँ

प्लैटफॉर्म्स: Amazon Associates, Meesho (Reselling)

d) Blogging या YouTube

पसंदीदा विषय पर कंटेंट बनाएँ: Tech, finance, travel, fitness

Google Ads या Sponsorship से कमाई

धैर्य चाहिए, लेकिन कम्युनिकेशन और ब्रांडिंग दोनों विकसित होती हैं

e) Online Reselling

थोक से सामान खरीदकर Instagram या Meesho पर बेचें

Stationery, custom T-shirts, digital products या घर में बनाए सामान बेचें

f) Campus Services

अन्य छात्रों को सेवाएँ दें-

Notes typing, notes summarizing, resume बनाना, print & scanning help आदि

4. अपनी हसल कैसे शुरू करें?

- अपनी स्किल या ज़रूरत पहचानें
- थोड़ा रिसर्च करें
- बिना या कम निवेश से शुरुआत करें
- एक हफ्ते का लक्ष्य रखें (जैसे ₹500/सप्ताह)
- सीखते रहें और सुधार करें
- 1-2 घंटे रोज़ भी काफी हैं।

5. पढ़ाई और हसल का संतुलन

- सप्ताहांत (weekends) का उपयोग करें
- पढ़ाई की हमेशा प्राथमिकता रहे
- थकान से बचें - छोटे ब्रेक लें
- Google Calendar, Trello जैसी टूल्स से प्लान करें

6. असफलताओं से सीखें

हर हसल सफल नहीं होगी।
शायद YouTube पर वीडियो बनाएं और views न आएं - यह सामान्य है।

हर असफलता आपको सिखाती है:

- बाजार की जरूरत
- कंटेंट बनाना
- आपकी ताकतें क्या हैं

शुरुआत में छोटा काम भी सीख देता है -
जैसे Canva पर पोस्टर बनाना या डेटा एंट्री।

वास्तविक उदाहरण (मेरे अनुभव से)

मेरी शाखा में एक कॉलेज छात्रा ने अकाउंट खुलवाया था।
वह चुपचाप:

ऑनलाइन बच्चों को पढ़ाती थी
और Instagram पर अपनी क्राफ्ट की चीजें बेचती थी
वह हर महीने ₹8,000 कमाती थी।

आज वह एक सफल छोटा ब्रांड चला रही है और लोगों को नौकरी भी देती है।
उसकी शुरुआत सिर्फ हैंडमेड बुकमार्क्स से हुई थी।

अध्याय 5 का सारांश

- साइड हसल्स ध्यान भटकाने के लिए नहीं - सफलता की लॉन्चपैड हैं।
- छात्र Freelancing, Tutoring, Reselling या Digital Platforms से कमाई कर सकते हैं।
- शुरुआत उसी से करें जिसमें आपकी रुचि हो - और वह भी कम निवेश में।
- पढ़ाई और हसल का संतुलन बनाए रखें।
- असफलता से डरें नहीं - हर अनुभव सीख बनता है।

अगले अध्याय में हम जानेंगे कि स्वास्थ्य और जीवनशैली कैसे आपकी सफलता में भूमिका निभाते हैं और कैसे स्वास्थ्य + संपत्ति = पूर्ण जीवन

बनाते हैं।

6

स्वास्थ्य और संपत्ति का समग्र (Holistic) दृष्टिकोण

हम अक्सर सफलता को अलग-अलग हिस्सों में बाँट देते हैं -
पढ़ाई, पैसा, स्वास्थ्य, रिश्ते।
लेकिन असल जीवन में ये सब एक-दूसरे से जुड़े हुए हैं।

थका हुआ शरीर सही से सोच नहीं पाता।

खराब आर्थिक स्थिति तनाव बढ़ाती है, जिससे पढ़ाई और प्रदर्शन पर असर पड़ता है।

बैंकिंग के सालों में और हज़ारों ग्राहकों से मिलकर मैंने देखा है कि स्वस्थ जीवनशैली वित्तीय अनुशासन को मजबूत करती है, और मजबूत वित्तीय आदतें मानसिक शांति देती हैं।

इस अध्याय में हम सीखेंगे कि छात्र कैसे एक ऐसी जीवनशैली बना सकते हैं
जो शरीर + मन + पैसे तीनों को मजबूत करे।

1. स्वास्थ्य क्यों संपत्ति बढ़ाने वाला गुणक (Wealth Multiplier) है?

स्वस्थ दिमाग तेज काम करता है, बेहतर याद रखता है और सही निर्णय लेता है।

बीमारी या मेडिकल खर्च आपकी सारी बचत खत्म कर सकते हैं।

फिट बॉडी से ऊर्जा, आत्मविश्वास और परफॉर्मेंस बढ़ता है।

स्वास्थ्य के लिए एथलीट बनने की जरूरत नहीं -
बस नियमितता ज़रूरी है।

2. छात्रों के लिए आसान स्वास्थ्य आदतें

a) रोज़ हल्की शारीरिक गतिविधि

30 मिनट वॉक, स्किपिंग, साइकलिंग, व्यायाम या योग

लिफ्ट की जगह सीढ़ियाँ

पढ़ाई करते समय लंबे समय तक न बैठें

b) पोषण (Nutrition)

घर का खाना खाएँ

जंक फूड, चिप्स, कोल्ड ड्रिंक कम करें

दिन की शुरुआत बादाम, केला या मौसमी फलों से करें

रोज़ 2-3 लीटर पानी पिएँ

c) नींद (Sleep)

6-8 घंटे की नींद

सोने से 30 मिनट पहले मोबाइल दूर रखें

रोज़ाना एक ही समय पर सोएँ और जागें

अच्छी नींद = बेहतर फोकस + कम तनाव

3. मानसिक स्वास्थ्य और भावनात्मक नियंत्रण

सफलता सिर्फ तेज़ी से काम करने का नाम नहीं -
यह भावनात्मक स्थिरता का भी नाम है।

5 मिनट गहरी साँसें या ध्यान (Mindfulness) करें

सोशल मीडिया पर दूसरों से तुलना न करें

उदास महसूस हो तो परिवार या दोस्तों से बात करें
(यह कमजोरी नहीं है)

डायरी लिखना आपके मन को साफ करता है और सोच को स्पष्ट करता है।

4. डिजिटल हाइजीन (Digital Hygiene)

स्मार्टफोन के जमाने में मानसिक स्वास्थ्य बचाने के लिए सीमाएं जरूरी हैं।

मोबाइल का उपयोग तय समय पर करें

पढ़ाई के दौरान नोटिफिकेशन बंद रखें

केवल उपयोगी और शिक्षात्मक कंटेंट फॉलो करें

20-20-20 नियम:
हर 20 मिनट बाद, 20 फीट दूर किसी चीज़ को 20 सेकंड तक देखें -
यह आँखों के लिए बहुत उपयोगी है।

5. कैसे स्वास्थ्य वित्तीय अनुशासन को मजबूत करता है?

आपका जीवनशैली का तरीका-
समय पर उठना, सही खाना, नशे से दूर रहना -
आपकी वित्तीय आदतों से गहराई से जुड़ा है।

स्वस्थ लोग ज्यादा स्थिर और समझदार वित्तीय फैसले लेते हैं

वे आवेग में खर्च नहीं करते

वे भविष्य के लिए योजनाबद्ध होते हैं

स्वास्थ्य + अनुशासन = समझदार वित्तीय जीवन

6. समुदाय, प्रकृति और आध्यात्मिकता

प्रकृति में समय बिताना मन को शांत करता है

दूसरों की मदद करना-जैसे गरीब बच्चों को पढ़ाना-चरित्र बनाता है

आध्यात्मिक दिनचर्या (ध्यान, कृतज्ञता लिखना, प्रार्थना) मन को स्थिर रखती है

धर्म जरूरी नहीं, मन की शांति जरूरी है।

एक वास्तविक उदाहरण (मेरे बैंकिंग अनुभव से)

मैंने कई युवाओं को देखा जो गेमिंग, सोशल मीडिया और अनियमित दिनचर्या के कारण:

- स्वास्थ्य खराब
- शून्य बचत
- तनाव

के चक्र में फँस जाते हैं।

लेकिन एक 21 वर्षीय जिम ट्रेनर,
जो बहुत अनुशासन से जीवन जीता था,
मेरी शाखा में अपनी तीसरी FD कराने आया।
उसके पास अच्छी बचत थी -
और उसकी बॉडी, माइंड और बैंक बैलेंस - तीनों संतुलन में थे।

अध्याय 6 का सारांश

- स्वास्थ्य और धन दोनों एक-दूसरे से जुड़े हैं।

- सही खाना, पर्याप्त नींद और रोज़ाना मूवमेंट जरूरी है।
- मानसिक स्पष्टता अनुशासन और डिजिटल नियंत्रण से आती है।
- स्वस्थ शरीर और मन वित्तीय आदतों को मजबूत बनाते हैं।
- शरीर और मन आपकी पहली और सबसे महत्वपूर्ण संपत्ति हैं - उनकी परवाह करें।

अगले अध्याय में आप सीखेंगे कि
लंबे समय के भविष्य की योजना कैसे बनाएं
और कैसे एक उद्देश्यपूर्ण, स्थिर और समृद्ध जीवन की नींव रखें।

7

भविष्य की योजना बनाना

छात्र जीवन में अनगिनत संभावनाएँ होती हैं।
लेकिन अगर योजना नहीं हो, तो यही संभावनाएँ जल्दी ही समस्याएँ बन जाती हैं।

भविष्य की योजना बनाना भविष्य को पूरी तरह समझ लेना नहीं है -
बल्कि अपने आपको समझदारी से तैयार करना है।
करियर, पैसे, स्वास्थ्य या रिश्ते -
हर चीज़ स्पष्ट दिशा से बेहतर होती है।

एक बैंककर्मी के रूप में मैंने देखा है कि
युवावस्था में लिए गए छोटे फैसले भी पूरी जिंदगी का रास्ता बदल देते हैं।

यह अध्याय आपको सिखाने के लिए है कि
आज कौन से बीज बोएँ, ताकि आपका कल मजबूत, स्थिर और संतोषपूर्ण हो।

1. लंबी अवधि के लक्ष्य तय करें (Long-Term Goals)

बिना लक्ष्य हम भटकते हैं।
लक्ष्य होने से हम आगे बढ़ते हैं।

✓ **करियर लक्ष्य**

कौन सा काम आपको उत्साहित करता है?
इंटर्नशिप, स्किल्स और सही डिग्री पर काम शुरू करें।

✓ **वित्तीय लक्ष्य**

आपातकाल के लिए बचत, किसी कोर्स के लिए पैसे, या भविष्य में स्टार्टअप शुरू करने की योजना।

✓ **पर्सनल ग्रोथ लक्ष्य**

अंग्रेजी सुधारना, आत्मविश्वासी बनना, फिट रहना -
इन्हें मासिक और वार्षिक कदमों में बाँटें।

अपने लक्ष्य लिखें - और उन्हें छोटे-छोटे कार्यों में बदलें।

2. विज़न बोर्ड या जर्नल का महत्व

एक बोर्ड या डायरी बनाकर उसमें:

अपने सपनों की तस्वीरें चिपकाएँ (लैपटॉप, विदेश जाना, एग्जाम पास करना)

अपनी बचत, स्किल्स और प्रगति (milestones) लिखें

जब रोज़ आपकी आँखों के सामने आपका भविष्य होता है,
आपकी मेहनत और फ़ोकस दोनों बढ़ते हैं।

3. इमरजेंसी फंड की योजना

छात्र होने पर भी एक छोटा इमरजेंसी फंड जरूरी है।

पहले ₹1,000 बचाएँ

फिर ₹5,000

फिर ₹10,000

इसे सिर्फ ज़रूरी स्थितियों में इस्तेमाल करें:

स्वास्थ्य

यात्रा

पढ़ाई की सामग्री

इसे डिजिटल सेविंग अकाउंट या लिक्विड म्यूचुअल फंड में रखें।

एक छोटा फंड बड़ी समस्याओं से बचाता है।

4. लंबी अवधि के वित्तीय साधन

इनका बुनियादी ज्ञान बेहद ज़रूरी है:

Recurring Deposits (RD): छात्रों के लिए बेहतर, निश्चित मासिक बचत

Public Provident Fund (PPF): जितनी जल्दी शुरू करें, उतना लाभ

Mutual Funds (SIP): ₹100/माह से भी शुरुआत

NPS (National Pension System): भविष्य में काम आएगा - अभी समझ लें

धैर्य + समय = पैसा बढ़ने का सबसे बड़ा फॉर्मूला।

5. करियर योजना (Career Planning)

सिर्फ डिग्री नहीं, दिशा चुनें

LinkedIn, Quora या बैंक ग्राहकों से करियर के बारे में सीखें

UPSC, बैंक PO, SSC की तैयारी- सिर्फ तभी करें जब आपकी रुचि और विज़न से मेल खाता हो

अपनी LinkedIn प्रोफाइल बनाएँ - यह आपका ऑनलाइन रिज्यूमे है

तैयारी हमेशा वह लोग करते हैं जो आगे बढ़ना चाहते हैं।

6. रिश्ते और आपका सामाजिक माहौल (Social Circle)

सकारात्मक और मेहनती दोस्तों से दोस्ती करें
कम्युनिकेशन और empathy सीखें
नकारात्मक माहौल (online/offline) से दूर रहें
रिश्ते भी एक तरह की संपत्ति हैं -
उन्हें संभालकर रखें।

7. समय-भंडार सोच (Time Capsule Thinking)

अपने आप से पूछें:
"10 साल बाद मैं खुद का किस बात के लिए धन्यवाद दूँगा?"

- Excel सीखने के लिए?
- अंग्रेजी बोलने के अभ्यास के लिए?
- ₹50/माह की बचत के लिए?
- कोई बुरी आदत छोड़ने के लिए?
- हर महीने एक किताब पढ़ने के लिए?

समय असली संपत्ति है - इसका सही उपयोग करें।

8. एक बैंककर्मी के रूप में मेरी अंतिम सलाह

मैंने दो तरह के युवाओं को देखा है:
✓ पहला समूह:
कमाते हैं, पर सब खर्च कर देते हैं -
बचत शून्य।
✓ दूसरा समूह:

थोड़ी कमाई से ही बचत शुरू करता है,
धीरे-धीरे निवेश करता है,
और जल्दी स्थिर हो जाता है।

मेरी शाखा में एक लड़का फोटो-कॉपी शॉप पर पार्ट-टाइम काम करता था।
उसने ₹500/माह की SIP शुरू की।

आज, 28 की उम्र में उसके पास ₹6 लाख का म्यूचुअल फंड पोर्टफोलियो है।
उसके दोस्त आज भी आर्थिक परेशानियों से जूझ रहे हैं।

छोटी शुरुआत करें, लेकिन आज ही शुरू करें।

अध्याय 7 का सारांश

- भविष्य की योजना जरूरी है - करियर से लेकर पैसों और मानसिक शांति तक।
- लंबे, स्पष्ट लक्ष्य बनाएँ और उन्हें छोटे कदमों में बाँटें।
- इमरजेंसी फंड बनाएं और RD, PPF, SIP जैसे साधनों को समझें।
- अपने करियर और सामाजिक माहौल को समझदारी से चुनें।
- 10 साल आगे की सोच रखें - और उसी हिसाब से आज कदम उठाएँ।

आपका भविष्य खुद-ब-खुद नहीं बनेगा -
आप रोज़ अपने छोटे, सचेत कदमों से उसे बनाते हैं।

8

एटॉमिक हैबिट्स और डोपामिन डिटॉक्स: छोटी आदतें, बड़ा बदलाव

जीवन में सफलता एक दिन में नहीं मिलती, बल्कि यह रोज़ की छोटी-छोटी आदतों (habits) का परिणाम होती है।

अगर आदतें अच्छी हैं → जीवन बेहतर होगा

अगर आदतें खराब हैं → जीवन कठिन हो जाएगा

इस अध्याय में हम दो महत्वपूर्ण अवधारणाएँ समझेंगे:

1. एटॉमिक हैबिट्स (छोटी आदतों की शक्ति)
2. डोपामिन डिटॉक्स (ध्यान और अनुशासन बढ़ाने का तरीका)

1. एटॉमिक हैबिट्स क्या हैं?

परिभाषा:

एटॉमिक हैबिट्स का अर्थ है बहुत छोटी और सरल आदतें, जो समय के साथ बड़ा परिवर्तन लाती हैं।

सरल भाषा में:

"रोज़ 1% सुधार = भविष्य में बड़ी सफलता"

उदाहरण (छात्र जीवन से)

रवि नाम का छात्र:

रोज़ सिर्फ 10 मिनट अंग्रेज़ी पढ़ता है

रोज़ 5 नए शब्द सीखता है

1 साल बाद:

शब्द भंडार = 1500+ शब्द

आत्मविश्वास = बहुत बढ़ गया

इंटरव्यू में सफलता

सिर्फ 10 मिनट की आदत ने उसकी ज़िंदगी बदल दी

2. एटॉमिक हैबिट्स के 4 नियम

1.इसे स्पष्ट बनाएं (Make it Obvious)

किताब को सामने रखें, ताकि पढ़ने की याद आए

2.इसे आसान बनाएं (Make it Easy)

शुरुआत 2 घंटे से नहीं, 10 मिनट से करें

3. इसे आकर्षक बनाएं (Make it Attractive)

पढ़ाई के बाद पसंदीदा गाना सुनें

4. इसे संतोषजनक बनाएं (Make it Rewarding)

लक्ष्य पूरा होने पर खुद को छोटा इनाम दें

3. हैबिट लूप (Habit Cycle)

हर आदत 4 चरणों में बनती है:

- संकेत (Cue) → अलार्म बजा

- इच्छा (Craving) → उठने का मन हुआ
- प्रतिक्रिया (Response) → उठ गए
- इनाम (Reward) → अच्छा महसूस हुआ

इस चक्र को समझकर आप अपनी आदतें बदल सकते हैं

4. डोपामिन क्या है?

परिभाषा:

डोपामिन एक "खुशी देने वाला" केमिकल है, जो दिमाग में तब निकलता है जब हमें आनंद मिलता है।

उदाहरण:

- सोशल मीडिया (Instagram)
- जंक फूड
- मोबाइल गेम

समस्या तब होती है जब यह बहुत ज़्यादा हो जाता है

5. डोपामिन डिटॉक्स क्या है?

परिभाषा:

डोपामिन डिटॉक्स का मतलब है ज्यादा उत्तेजना देने वाली चीज़ों (मोबाइल, गेम, जंक फूड) को कम करके दिमाग को संतुलित करना।

सरल भाषा में:

"अपने दिमाग को अनावश्यक उत्तेजना से आराम देना"

उदाहरण (छात्र जीवन से)

अमन:

रोज़ 5–6 घंटे मोबाइल इस्तेमाल करता था

पढ़ाई में ध्यान नहीं लगता था

उसने क्या किया?
सोशल मीडिया 1 घंटे तक सीमित किया
सुबह मोबाइल बंद रखा
व्यायाम और पढ़ाई शुरू की
परिणाम:
ध्यान बढ़ा
अंक बेहतर हुए
मन शांत हुआ

6. डोपामिन ओवरलोड की समस्या

आज के छात्रों की मुख्य समस्या:

- ध्यान कम लगना
- जल्दी बोर होना
- पढ़ाई में मन न लगना

कारण: लगातार डोपामिन (रील्स, वीडियो, गेम)

7. डोपामिन डिटॉक्स का सरल तरीका

चरण 1: ध्यान भटकाने वाली चीज़ें पहचानें
सोशल मीडिया
गेम
बेकार वीडियो
चरण 2: समय सीमित करें
1-2 घंटे से अधिक नहीं
चरण 3: अच्छी आदतों से बदलें
मोबाइल → किताब
गेम → व्यायाम

चरण 4: सुबह मोबाइल का उपयोग न करें
उठने के बाद 1 घंटा मोबाइल से दूर रहें

8. एटॉमिक हैबिट्स + डोपामिन डिटॉक्स = सफलता का सूत्र

एटॉमिक हैबिट्स, डोपामिन डिटॉक्स

- अच्छी आदतें बनाता है
- खराब आदतें कम करता है
- धीरे-धीरे विकास
- तुरंत ध्यान बढ़ाता है
- दीर्घकालिक सफलता
- मानसिक नियंत्रण

दोनों को साथ में अपनाने से परिणाम दोगुना मिलता है

9. छात्रों के लिए दैनिक दिनचर्या

सुबह:

- मोबाइल से दूरी, 10 मिनट पढ़ाई

दिन में:

- छोटे-छोटे स्टडी सेशन
- ध्यान भटकाने वाली चीज़ों से दूर रहें

शाम:

- व्यायाम या नई स्किल सीखें

रात:

- अगले दिन की योजना बनाएं

निष्कर्ष

सफलता कोई जादू नहीं है, यह रोज़ की मेहनत और अनुशासन का परिणाम है।

एटॉमिक हैबिट्स सिखाती हैं: "छोटा शुरू करो, बड़ा हासिल करो"

डोपामिन डिटॉक्स सिखाता है: "ध्यान भटकाने वाली चीज़ों को हटाओ, फोकस बढ़ाओ"

अगर आप:

रोज़ थोड़ा सुधार करते हैं,अपने ध्यान को नियंत्रित करते हैं, तो आप अपनी ज़िंदगी पूरी तरह बदल सकते हैं

अध्याय 8 सारांश

- एटॉमिक हैबिट्स = छोटी आदतें, बड़ा प्रभाव
- निरंतरता (Consistency) सबसे महत्वपूर्ण है
- डोपामिन ओवरलोड ध्यान का दुश्मन है
- डोपामिन डिटॉक्स दिमाग को संतुलित करता है

अच्छी आदतें + अनुशासन = सफलता

संदर्भ:

Atomic Habits – James Clear (Must read)
Dopamine Detox – Thibaut Meurisse (Must read)

अतिरिक्त मूल्य: प्रेरक उद्धरण, किताबें और यात्रा

प्रेरक उद्धरण (Inspirational Quotes)

"The best way to predict the future is to create it." - Peter Drucker
भविष्य का सबसे अच्छा अनुमान है -उसे खुद बनाना।

"A penny saved is a penny earned." - Benjamin Franklin
एक पैसा बचाना, एक पैसा कमाने के बराबर है।

"Success usually comes to those who are too busy to be looking for it." - Henry David Thoreau
सफलता अक्सर उन्हीं को मिलती है जो सफलता ढूंढने में नहीं, काम करने में व्यस्त होते हैं।

"Discipline is the bridge between goals and accomplishment." - Jim Rohn
अनुशासन आपके लक्ष्यों और उपलब्धियों के बीच की पुल है।

"Health is the greatest gift, contentment the greatest wealth, faithfulness the best relationship." - Buddha
स्वास्थ्य सबसे बड़ा उपहार है; संतोष सबसे बड़ी संपत्ति, और निष्ठा सबसे अच्छा रिश्ता।

"The journey of a thousand miles begins with one step." - Lao Tzu
हज़ार मील की यात्रा भी एक कदम से शुरू होती है।

छात्रों के लिए अनुशंसित पुस्तकें (Recommended Readings)

1. Rich Dad Poor Dad - Robert Kiyosaki

पैसे की सोच और वित्तीय मानसिकता को सरल तरीके से समझाती है।

2. The Psychology of Money - Morgan Housel

बताती है कि हमारी भावनाएँ पैसे के फैसलों को कैसे प्रभावित करती हैं।

3. Atomic Habits - James Clear

छोटी-छोटी आदतों से बड़ी जिंदगी कैसे बदलती है, यह किताब सिखाती है।

4. Ikigai - Hector Garcia

अपने जीवन का उद्देश्य और संतुलन खोजने में मदद करती है।

5. You Can Win - Shiv Khera

सफलता और प्रोत्साहन पर भारतीय संदर्भ की एक क्लासिक किताब।

6. Think and Grow Rich - Napoleon Hill

लक्ष्य निर्धारण और निरंतरता पर सदाबहार पुस्तक।

7. The Almanack of Naval Ravikant

आधुनिक समय में संपत्ति, स्वतंत्रता और खुशी पर गहरी समझ देती है।

नोट: ये सभी पुस्तकें सरल भाषा में हैं और हिंदी में भी उपलब्ध हैं।

यात्रा से विकास (Travel for Growth)

यात्रा दिमाग खोलती है, भय कम करती है और परिपक्वता लाती है।

छात्र यात्रा से बहुत कुछ सीख सकते हैं:

• भारत को पहले जानें

वाराणसी, जयपुर, कोच्चि, सिक्किम, हम्पी जैसे स्थान संस्कृति, बजट में यात्रा और इतिहास सिखाते हैं।

• शैक्षणिक यात्राएँ

सेमिनार, बैंक ट्रेनिंग सेंटर, संग्रहालय, करियर फेयर - सीखने का शानदार तरीका।

• कम बजट में सोलो ट्रिप

एक छोटी सोलो यात्रा आपको आत्मनिर्भर बनाती है।

• वॉलंटियरिंग ट्रिप

NGO या स्टूडेंट कैंप के साथ काम करके समाज के लिए योगदान और अनुभव मिलता है।

"Travel makes one modest. You see what a tiny place you occupy in the world." - Gustave Flaubert

यात्रा विनम्र बनाती है-आप समझते हैं कि इस दुनिया में आपकी जगह कितनी छोटी है।

यात्रा सिखाती है:

योजना बनाना

संसाधनों का उपयोग

संवाद कौशल

बदलावों में ढलना

ये सभी गुण सफलता की जड़ में होते हैं।

इस सेक्शन का उद्देश्य

यह अतिरिक्त सेक्शन छात्रों को पढ़ाई और वित्त से आगे बढ़कर सोच, जीवनशैली और दृष्टिकोण में समृद्ध बनाने के लिए है-
ताकि वे:

गहरी सोच वाले बनें

संतुलित जीवन जिएँ

और बड़े सपने देखने का साहस रखें

www.ingramcontent.com/pod-product-compliance
Lightning Source LLC
LaVergne TN
LVHW090333210926
848480LV00004B/1397

* 9 7 9 8 9 0 4 5 1 0 5 5 8 *